D1870764

Vögel der Welt • Seevögel

Vögel der Welt

Seevögel

von

John P. S. Mackenzie

Deutsch von Birthe Homann

Parkland

Copyright © 1997 für die deutsche Ausgabe:
Parkland Verlag Köln
Copyright © 1997 für die Originalausgabe
by Key Porter Books Limited, Toronto, Kanada
Alle Rechte vorbehalten
Satz, Übersetzung und deutsche Druckvorstufe:
Rio Verlag und Medienagentur AG, CH-8032 Zürich
ISBN 3-88059-873-8

Seite 2: Nashornpelikan *(Pelecanus erythrorhynchos).* Beim Fischen bewegen sich die Pelikane in einer Reihe vorwärts und treiben so ihre Beute vor sich her. Beim Gleiten über dem Wasser schöpfen sie die Fische auf.

Seite 4–5: Elfenbeinmöwe *(Pagophila eburnea).* Diese Möwenart zieht im Winter durch die Arktis und im Sommer zum Atlantik bis nach Neufundland. Manchmal folgt sie den Inuit, um Abfälle zu ergattern.

Inhalt

Eselspinguin *(Pygoscelis papua).* Diese grossen Pinguine kommen zwischen August und Oktober an Land, um zu nisten. Die Jungen verlassen die Nistplätze zwischen Dezember und März, die Erwachsenen im Juni.

EINFÜHRUNG

Ohrentaucher *(Podiceps auritus).* Der Ohrentaucher nistet in weiten Gegenden der nördlichen Hemisphäre, normalerweise in kleinen sumpfigen Teichen. Im Winter ist er meistens am Meer.

Meeresvögel regeln ihren ganzen oder zumindest fast ihren ganzen Lebensunterhalt durch die See. Typisch ist, daß sie eigentlich nur an Land kommen, um zu nisten und ihre Jungen aufzuziehen. Ornithologen nennen sie «pelagisch», das heißt, daß sie das offene Meer bewohnen. In Anbetracht der Tatsache, daß die Ozeane zirka drei Viertel der Erdoberfläche bedecken, ist es erstaunlich, daß es nur 260 (oder drei Prozent) der ungefähr 8900 Vogelarten der Welt sind, die man als, mehr oder weniger, rein pelagisch bezeichnen kann. Diese 260 Arten werden in fünfzehn Gruppen eingeteilt, nämlich die Wassertreter, Skuas, Möwen, Seeschwalben, Pinguine, Seetaucher, Lappentaucher, Albatrosse, Sturmschwalben, Sturmtaucher, Tauchsturmvögel, Tropikvögel, Tölpel, Tropische Tölpel und Alke. Aber nicht alle dieser Vogelgruppen sind ständige Meeresbewohner. Einige Möwenarten kommen zum Beispiel nie ans Meer. Einzelne Tiere der Gattung leben lange Zeit am Meer, während andere immer an Land sind. Die Silbermöwe ist ein solches Beispiel. Einige ernähren sich das ganze Jahr von Wiesen und Feldern, während andere Silbermöwen an den Küsten und Häfen gesehen werden.

Es gäbe gute Gründe, auch andere Vogelarten als pelagisch zu bezeichnen. Zum Beispiel diejenigen Arten, die man an den Küsten antrifft und die sich, oft ausschließlich, vom Meer Nahrung zuführen. Dazu gehörten die Kormorane, die Pelikane und die Fregattvögel. Obwohl sie sich vom Meer ernähren, bleiben die meisten von ihnen täglich einige Zeit an Land. Eher mit einbeziehen könnte man die verschiedenen Arten der Meerenten; die Trauerenten, Eiderenten, einige Säger, Kragenenten und die Bergenten. Aber fast alle dieser Entenarten ernähren sich, indem sie zum Meeresgrund nach Schalentieren tauchen. Sie könnten auf tiefer See nicht überleben.

In unserem Buch beschränken wir uns auf die echten Meeresvögel. Wir betrachten ihre Lebensumstände und -bedingungen.

Für den gelegentlichen Beobachter scheinen die Ozeane mehr oder weniger einförmig. Aber dieser Schein täuscht über eine ungeheuer große Vielfalt von Bedingungen der Nahrungsmittelproduktion hinweg. Die Hauptströmungen der Ozeane sind in ihrem Muster ziemlich übereinstimmend, denn sie sind von annähernd konstanten Faktoren beeinflußt: der Erdumdrehung, vorherrschenden Winden, der Beschaffenheit des Meeresbodens und der Küsten. Gleichzeitig aber sind diese Strömungen sehr komplex. Der atlantische Golfstrom zum Beispiel liefert fünf Millionen Kubikmeter warmes Wasser pro Sekunde in den Norden. Auf seinem Weg nordwärts kühlt sich dieses warme Wasser ab, und vieles davon sinkt hinab und fließt in großer Tiefe Richtung Süden zurück. Ein ähnliches Phänomen gibt es im Pazifik. Dort, wo die Strömungen aufeinandertreffen und an ihren Rändern, entstehen große Turbulenzen. An diesen Stellen gibt es zahlreiche Nahrung, nicht nur für Vögel, sondern auch für Fische und Tintenfische.

Die ozeanische Nahrungskette beginnt bei Phytoplankton, einer Form pflanzlichen Lebens von einem Bruchteil eines Zentimeters, das seinen Lebensunterhalt vom Sonnenlicht bezieht. Die Kette setzt sich fort von Zooplankton bis zu den höheren Formen von Leben, den Fischen und Tintenfischen, die wiederum von Vögeln und Säugetieren, zum Beispiel Seehunden, gefressen werden. Während der kurzen arktischen und antarktischen Sommer produziert das kalte Wasser in der Nähe der Pole erstaunliche Nahrungsmengen. Krill, kleine, krabbenartige Schalentiere, die sich unter guten Bedingungen bis zu 23 000mal pro Kubikmeter vermehren können. Das Wasser mit all dieser Nahrung fließt in die Ozeane. An den Orten, wo diese Strömungen voller Phytoplankton und planktonfressender Tierchen an die Oberfläche steigen, versammeln sich unzählige Seevögel. Die Gegenden in der Mitte der Ozeane sind normalerweise ungünstig für die Nahrungsherstellung: nur ungefähr ein Drittel des Pazifiks und die Hälfte des Atlantiks sind im allgemeinen produktiv. Aber die Ozeane sind nicht homogen. Lokale, relativ kleine Abweichungen können durch die Zusammensetzung des Meeresbodens und Veränderungen im Salzgehalt und der Temperatur verursacht werden. In solchen Gebieten gedeihen Seevögel. Tropische Ozeane produzieren am wenigsten Nahrung. Das erklärt den relativen Mangel an Futter und das Fehlen von Seevögeln im Karibischen und Indischen Ozean. Das Mittelmeer ist bekannt für seinen hohen Salzgehalt und eine geringe Planktonproduktion. Seine gesamte Sturmtaucherpopulation, die im Sommer klein ist, zieht im Winter zum Atlantik.

Seevögel leben praktisch ausschließlich von tierischer Nahrung, die von Zooplankton bis Fisch reicht. Die Körper der verschiedenen Arten von Seevögeln haben sich im Verlauf von Millionen von Jahren ihrem Nahrungserwerb und ihren Nistgewohnheiten angepaßt. Im allgemeinen sind die Körper leicht und klein im Verhältnis zur Flügelgröße. Deshalb können viele der Arten gleiten und so weite Entfernungen ohne übermäßigen Energieverbrauch zurücklegen. Manche Arten tauchen direkt von der Wasseroberfläche aus, indem sie ihre Beine ganz nach hinten an den Körper legen. Für diese Arten ist es schwierig bis unmöglich, an Land zu gehen. Ihre Nistmöglichkeiten sind deshalb auf Felsvorsprünge, Klippen oder Bäume beschränkt, von denen aus sie sich in die Luft stürzen können.

Die Methoden des Nahrungserwerbs variieren stark. Tropikvögel, Tölpel und Tropische Tölpel sind Stoßtaucher. Sie tauchen aus unterschiedlichen Höhen ins Wasser, um ihre Beute mit dem Schnabel zu fangen. Einer der spektakulärsten der Sturmtaucher ist der Tölpel, der normalerweise in einer Höhe von zirka zehn Metern über dem Meeresspiegel seine Flügel zusammenklappt und so wie ein Stein ins Wasser stößt. Es tauchen oft mehrere Tölpel zusammen. Ihre gemeinsamen Angriffe bringen die Fische völlig durcheinander, so daß sie fast nicht fliehen können.

Albatrosse und einige Sturmtaucher ernähren sich praktisch beim Schwimmen auf der Oberfläche, dennoch stoßtauchen sie gelegentlich. Das von der Oberfläche genommene Futter reicht von Plankton (für die kleineren Sturmschwalben) bis zu Fischen und Quallen für die Albatrosse. Die Vögel fangen die Nahrung beim Schwimmen, oder sie schnappen sie beim Fliegen von der Oberfläche.

Die kleinen und flinken Sturmschwalben ernähren sich im Flug. Einige, zum Beispiel die Buntfüßige Sturmschwalbe, flattern mit herabhängenden Beinen und trippelnden Füßen auf der Wasseroberfläche, so daß es aussieht, als ob sie auf dem Wasser liefen. Auf diese Weise fressen sie Plankton und winzige Larven. Im Unterschied zu anderen Arten, die sich von einem oder mehreren Fischen pro Tag ernähren, fressen die Sturmschwalben ununterbrochen während des ganzen Tages.

Pinguine aller Größen haben sich dem Schwimmen unter Wasser angepaßt. Sie benützen ihre Flügel, die zum Fliegen unbrauchbar sind, für den Antrieb. Die meisten tauchen in bescheidener Tiefe nach Krill. Kormorane, Seetaucher und einige Enten ernähren sich auf dieselbe Weise, indem sie unter der Wasseroberfläche schwimmen.

Zu guter Letzt sind viele Seevögel Aasfresser. Seit den Anfängen des Walfangs und dem Bau von Fischaufbereitungsanlagen auf dem Meer, werden riesige Mengen eßbarer Abfälle ins Meer gekippt. Dieser Müll zieht Möwen, Albatrosse, Eissturmvögel, Tölpel und andere Arten an. Zweifellos hat dies die Eßgewohnheiten vieler Vögel verändert, und zudem ist es eine Wohltat für die Jungvögel, die sonst oft ihren ersten Winter nicht überlebten.

Natürlich müssen alle Vögel an Land kommen, um zu nisten, Eier zu legen und die Jungen aufzuziehen. Manche Arten, wie die Seetaucher, Wassertreter, Möwen, Seeschwalben und Enten nisten landeinwärts an Teichen, Seen und Sümpfen. Die meisten Seevögel jedoch nisten an den Küsten, auf Felsriffen oder Klippen, oder sie bauen ihre Nester in der Erde oder im Sand. Fast alle nisten in riesigen Kolonien, manchmal zu Hunderttausenden.

Im westlichen Atlantik gibt es unzählige kleine Inseln vom US-Staat Maine bis Grönland und Island, die alle gute Nistmöglichkeiten bieten. In Europa bieten die Küsten Norwegens, Großbritanniens und Rußlands geeignete Klippen, meistens auf felsigen Inseln. Inseln schützen auch vor Tieren, die Nester plündern.

Hohe Klippen, um 450 Meter hoch, ziehen große Kolonien an. Die Klippen müssen Felsvorsprünge haben, auf denen die Vogeleltern landen und ihre Jungen aufziehen können. In jeder Kolonie sind mehrere Arten vertreten. Jede Art wählt sich einen passenden Ort, von der Gischtlinie bis zum flachen oder abschüssigen Land an der Spitze der Klippe. Kormorane sind normalerweise in den untersten Reihen. Trottellummen nisten in abschüssigen Felsvorsprüngen von Steilwänden, Eissturmvögel unter überhängenden Felsen. Tölpel, Möwen und Sturmtaucher nehmen den Klippengrat ein. Hinter ihnen nisten die Arten, die sich Erdnester bauen, wie Papageientaucher und Sturmschwalben. Platzmangel zwischen den verschiedenen Arten ist normalerweise kein großes Problem. Nur die aggressiveren Tölpel und Eissturmvögel stürzen öfter die Eier anderer Arten ins Meer.

Menschliche Einmischung war wahrscheinlich im 19. Jahrhundert ein größeres Problem als heute, denn Eierstehlen war weit verbreitet und betraf vor allem diejenigen Vogelkolonien, die in der Nähe von Menschen nisteten. Viele der wichtigsten Nistplätze sind heute Schutzgebiete oder Parks. Die Größe einer Kolonie variiert beträchtlich, je nach Verfügbarkeit des Klippenareals und ausreichender Nahrung in angemessener Flugdistanz. Eine Kolonie Felsenpinguine auf den Falkland-Inseln hat zirka zweieinhalb Millionen Paare; eine Kolonie Zügelpinguine auf den Süd-Sandwich-Inseln hat zehn Millionen Paare.

Einige Seevogelarten haben eine Population von Hunderten von Millionen, andere (vor allem diejenigen, die auf einer abgelegenen Insel nisten) haben nur ein paar wenige Vögel. Genaue Zählungen sind unmöglich. Auch Luftaufnahmen von Nistplätzen können weder all die Vögel zeigen, die von der Kolonie weg sind, noch diejenigen, die auf der Erde nisten. Trotzdem können kompetente Beobachter ungefähr die Größe einer Kolonie abschätzen. Einige Arten, zum Beispiel der Kurzschwanzalbatros und der Abbott-Tölpel, haben weniger als fünftausend Vögel. Von dem Bermuda-Sturmvogel und dem Magenta-Sturmvogel, von denen man bis vor kurzem dachte, daß sie ausgestorben seien, gibt es noch ganz wenige Vögel. Die meisten Vogelarten haben eine Population von hundert- bis fünfhunderttausend Vögeln.

Einige Möwenartenpopulationen vermehren sich dramatisch in vielen Teilen der Welt. In Großbritannien nehmen die Silbermöwen mit zirka dreizehn Prozent pro Jahr zu. Die Ringschnabelmöwe tauchte 1926, nach vielen Jahren Abwesenheit, wieder bei den Großen Seen Nordamerikas auf. Heute hat sie praktisch die ganze Wasserfront und das bewirtschaftete Land um Toronto, Kanada, eingenommen. Möwen, die fast alles fressen, sind zu beiden Seiten des Atlantiks eine Plage.

Die atlantischen Populationen der Lummen, Tordalken und Papageientaucher sind in unserem Jahrhundert sehr zurückgegangen. Trotz zunehmendem Schutz vor Nestplünderungen ist der Rückgang vor allem nach 1960 eingetreten. Die Gründe dafür sind nicht ganz klar, aber die Ölverschmutzung gehört sicherlich dazu. Hauptgrund ist aber wahrscheinlich die veränderte Zusammensetzung der Ozeane, die durch andere Formen chemischer Verschmutzung und durch Abfallentsorgung entstand. Dadurch hat sich die ganze Nahrungskette verändert.

Wie lange Vögel leben ist schwierig festzustellen. Man weiß aber, daß Singvögel sehr kurzlebig sind, sowohl durchschnittlich als auch in bezug auf ihre maximale Lebenserwartung. Wahrscheinlich werden nur wenige Grasmücken, Vireos und

Schnäpper älter als zwei Jahre. Da sie aber schon nach einem Jahr zur Fortpflanzung fähig sind und vier bis acht Eier pro Gelege haben, können sie dennoch eine beständige Population erhalten. Bei größeren Vögeln, wie Krähen, von denen fast die Hälfte im ersten halben Jahr stirbt, ist eine Lebenserwartung von mehr als zehn Jahren ungewöhnlich. Wenn man von diesen Angaben ausgeht, leben Seevögel sehr lange – manche mehr als fünfzig Jahre.

Wissenschaftler, die die Langlebigkeit von Vögeln untersuchen, verlassen sich hauptsächlich auf das Anbringen von kodierten Ringen an den Beinen der Vögel, oder sie versehen sie mit Farbmarkierungen. An Ringen, die man an toten Vögeln findet, erkennt man zwei Dinge: die Zeit, die vergangen ist, seit der Ring angebracht wurde, und den Fundort in bezug zum Ort, wo der Ring angebracht wurde. Ringe von Vögeln, die lebendig gefangen werden, sind meistens informativer. Die Farbmarkierungen verschaffen langanhaltende Daten. Seevögel kehren jedes Jahr zu ihren Geburtskolonien zurück und können dort mit wissenschaftlichen Methoden überprüft werden. Wenn man eine größere Anzahl markierter Vögel eine Zeitlang beobachtet, kann man daraus Schlüße über die durchschnittliche Sterberate verschiedener Altersklassen der Vögel ziehen und zugleich die durchschnittliche Lebenserwartung einschätzen. So zu arbeiten ist aber sehr teuer. Regierung und Universitäten haben nur relativ geringe Mittel dafür aufgebracht, und deshalb können nur allgemeine Schlüsse gezogen werden. Daten wurden auch nur von ein paar der mehreren tausend aktiven Nistplätzen genommen.

Alle Vögel haben eine hohe Sterberate in ihrem ersten Lebensjahr. Viele Arten kompensieren dies, indem sie große Mengen Eier legen. Aber die meisten Seevögel legen nur ein Ei, und bei denjenigen, die zwei legen, überlebt meist nur ein Junges. Viele Eier zerbrechen am Nistplatz, und viele Jungvögel werden von Nestplünderern getötet, bevor sie das Wasser erreichen. Wenn die Jungen das Wasser erreichen, müssen sie Fähigkeiten zum Überleben entwickeln, um sich vor Hunger, tierischen Nestplünderern und Menschen zu schützen. Die Sterblichkeitsrate im ersten Jahr beträgt bei Tölpeln 75 Prozent, bei Wanderalbatrossen 70 und bei den Adeliepinguinen 50 Prozent. Man schätzt, dass nur 10 Prozent der Tölpel bis zum brutreifen Alter überleben.

Die Sterberate wird bei älteren Vögeln niedriger, aber alle können durch periodische Katastrophen dezimiert werden. Verhungern ist wohl die Hauptgefahr, gefolgt von Seestürmen und Unfällen. Große Vögel können lange Zeit ohne Futter überleben. Sie ernähren sich von ihrem angesammelten Fett und verlieren so bis zu 50 Prozent ihres Körpergewichts. Wenn es soweit kommt, funktioniert allerdings ihr Verdauungssystem nicht mehr richtig, und sie können immer weniger Nahrung zu sich nehmen, auch wenn sie leicht zu fangen ist. Die Arten, die sich von Plankton ernähren, wie zum Beispiel die kleineren Alkenarten, sind stark beeinträchtigt durch anhaltende Stürme, während derer das Plankton nicht an die Wasseroberfläche kommt. Bei Veränderungen der Strömung und der Wassertemperatur tritt gewöhnlich eine große Hungersnot auf. Eine der berüchtigtsten unsicheren Gegenden sind die Gebiete vor den Küsten Perus, wo das warme Wasser durch gewaltiges Hochdrücken von kaltem Wasser abgekühlt wird. In diesem Gebiet leben riesige Schwärme Sardellen, von denen sowohl Vögel als auch Fischer ihr Auskommen haben. Periodisch bewegt sich die Strömung warmen Wassers sehr weit hinaus ins Meer, dieses Phänomen wird *el niño* genannt. Die Sardellen folgen der Strömung hinaus und werden so für die Vögel unerreichbar, die deshalb verhungern. Man schätzt, daß die Population der Pelikane, Kormorane und Tropischen Tölpel während des *el niño* von zwanzig Millionen auf weniger als eine Million abfällt.

Manchmal passieren Unfälle, meistens bei den Nistplätzen. Langflügelige Vögel, wie der Albatros, können zwar bestens langanhaltend gleiten, aber sie sind jedesmal in Gefahr, wenn sie sich den Nistplätzen zum Landen nähern, vor allem, wenn die Nistplätze auf der Vorderseite der Klippen sind. Seeschwalben fliegen auf der Suche nach Fischen oft in kompakten Gruppen, dabei stoßen sie manchmal zusammen und verrenken oder brechen sich die Flügel. Fischer töten unbeabsichtigt sehr viele Vögel in ihren Netzen. Man schätzt, daß sich in der Galway-Bucht in Irland jährlich zirka zwanzigtausend Alke in den Netzen verfangen und sterben. In Grönland sterben ungefähr eine halbe Million Lummen in den Treibnetzen.

Es ist zwar unmöglich zu wissen, wie lange der älteste Vertreter einer Vogelart lebt, aber es gibt verläßliche Quellen für einzelne Vögel, aus denen man schließen kann, daß Seevögel lange leben. Es gibt eine authentische Quelle über den Laysanalbatros, der 53 Jahre in der Wildnis überlebt hat. Andere berichten von einem Königsalbatros, der 46, einer Silbermöwe, die 31, einer Raubseeschwalbe, die 26, einem Schwarzschnabelsturmtaucher, der 23 und von einer Australischen Seeschwalbe, die 7 Jahre alt wurde. Die ältesten Vögel leben vermutlich noch viel länger, aber die meisten sterben jünger.

Mit ihrer geringen Geburtsrate, der hohen erstjährigen Sterblichkeitsrate und den vielen oben angeführten Gefahren, stürben die Seevögelpopulationen rasch aus, wenn sie nicht eine so hohe Lebenserwartung hätten. Der Große Alk, der nicht fliegen konnte, wurde bis zur Ausrottung gejagt, und die Wandertaube, die einst der häufigste Vogel Nordamerikas war, starb im 19. Jahrhundert wegen der Zerstörung ihrer Wohngebiete aus.

Odinshühnchen *(Phalaropus lobatus).* Dies hier ist ein Weibchen im Brutkleid. Sein Gefiedermuster ist glänzender und ausgeprägter als das des Männchens.

WASSERTRETER

Amerikanisches Odinshühnchen *(Phalaropus tricolor).* Im Gegensatz zur gewöhnlichen Rollenverteilung der Geschlechter bei Vögeln brütet der männliche Wassertreter die Eier aus und sorgt für die Jungen. Das Nest ist eine mit Gras und Federn ausgelegte Vertiefung im Boden.

Die Wassertreter sind eine kleine Familie mit nur drei Arten interessanter und schöner Vögel: das Thorshühnchen, das Odinshühnchen und das Amerikanische Odinshühnchen. Nur das Thorshühnchen und das Odinshühnchen sind rein pelagisch, das Amerikanische Odinshühnchen, das in den Steppen Kanadas und Nordamerikas nistet, ist terrestrisch und überwintert in Südamerika.

Die Wassertreter unterscheiden sich von fast allen anderen Vögeln, weil bei ihnen die Geschlechterrollen umgekehrt sind. Bei den meisten Vogelarten ist das Gefieder der beiden Geschlechter während der Brutzeit entweder gleich, oder das des Männchens ist bunter. Das Weibchen brütet normalerweise die Eier allein oder mit Unterstützung ihres Partners aus. Nach dem Ausbrüten werden die Jungen vom Weibchen gefüttert, allein oder mit Hilfe des Männchens. Bei den Wassertretern ist all dies genau umgekehrt. Der männliche Wassertreter hat eine ziemlich langweilige Zeichnung, und er brütet die Jungen alleine aus. Das Weibchen sucht sich manchmal kurze Zeit nach dem Eierlegen ein anderes Männchen in der gleichen Gegend, es wird begattet und legt nochmals einige Eier. Die Paare bleiben deshalb oft nur kurz zusammen. Manchmal dauert die Verbindung nur die wenigen Tage, die nötig sind, um die Eier zu legen, und sie wird nicht erneuert.

Die beiden pelagischen Arten, um die es uns geht, leben in den Polarzonen. Sie kommen in ihren weit nördlich gelegenen Brutgebieten Ende Mai und Anfang Juni an. Das Weibchen ist maßgebend bei der Wahl des Nistplatzes und übernimmt das Kommando beim Balzen und bei den sexuellen Ritualen. Gemeinsam scharren sie in Wassernähe ein Nest in die Tundra. Wenn die Eier ausgebrütet sind, sind die Jungen schon völlig entwickelt. Innerhalb weniger Stunden sind sie fähig, das Nest in Richtung Wasser zu verlassen, und nach zwei Wochen sind sie unabhängig. Während der Periode der Abhängigkeit ist das Männchen eifrig bemüht in seiner Sorge um die Jungen, indem es sich nachts und bei rauhem Wetter auf sie legt. Ende Juli beginnt die Wanderung in den Süden. Im August breiten sich riesige Schwärme nach und nach über die Ozeane aus. Der Vogelbestand bewegt sich vom arktischen Amerika süd- und ostwärts, und im August sind vor Maine und Neuschottland Schwärme in Millionengröße zu sehen. Mit der Verschlechterung der Wetterbedingungen treiben sie weiter südwärts über den Atlantik zur afrikanischen Küste. Einige fliegen bis zum Kap der Guten Hoffnung. Die Vögel, die in Nordeuropa nisten, ziehen zum Pazifik, indem sie die südamerikanische Küste überqueren, wobei einige von ihnen bis nach Chile in den Süden fliegen. Das Verbreitungsgebiet ist wahrlich bemerkenswert: überwinternde Vögel bewohnen den Indischen Ozean, das Südchinesische Meer und das Arabische Meer.

Die zwei pelagischen Wassertreterarten, das Odins- und das Thorshühnchen, sind nur fünfzehn bis dreiundzwanzig Zentimeter lang. Sie sind keine tüchtigen

Flieger und so leicht, daß sie bei Stürmen oft aus dem Wasser geblasen werden. Viele sterben bei starken Stürmen. Auf See fressen sie vor allem Plankton. Manchmal fressen sie aber auch kleine Fische und Schalentiere und Parasiten, die auf dem Rücken der Wale leben. In der Tundra ernähren sie sich von Insektenlarven, frisch geschlüpften Fliegen und Mücken. Sie fressen die Insekten beim Schwimmen oder beim Erforschen des Morasts an Teich- und Bachufern. Die Wassertreter haben die Gewohnheit, im Wasser herumzuwirbeln, um das Wasser in Bewegung zu bringen und so ihre Beute an die Oberfläche zu bringen.

Wassertreter sind farbige, schöne Vögel mit geraden, nadelartigen Schnäbeln, länglicher, aufrechter Nackenpartie und Schwimmhäuten zwischen den Zehen. In ihrem Brutgefieder sind sie stark gezeichnet und leicht zu erkennen. Bei der Mauser im Spätsommer verlieren sie die farbigen Federn, und im Winter sind sie, wie fast alle Küstenvögel, grau und weiß.

Die Brustfedern der Wassertreter sind ähnlich wie die der Enten fast ganz wasserundurchlässig und luftstützend. Deshalb sitzen die Wassertreter wie ein Korken hoch im Wasser. Das Thorshühnchen hat während der kurzen Nistzeit einen tief kastanienbraunen Körper, für den Rest des Jahres ist er aber vor allem grau. Das Odinshühnchen hat einen starken roten Streifen an den Nackenseiten und um die Kopflinie herum.

Odinshühnchen *(Phaleropus lobatus).* Das Männchen, nicht das Weibchen, sitzt im Nest. Normalerweise legt das Weibchen vier Eier. Wenn die Jungen ausgebrütet sind, eilen sie, sobald die Federn trocken sind, zum Wasser.

Thorshühnchen *(Phaleropus fulicarius).* Beide Geschlechter sehen gleich aus, aber das Weibchen ist etwas größer. Im Winter versammeln sie sich auf dem Meer zu großen, planktonfreßenden Scharen.

Oben: Thorshühnchen *(Phaleropus fulicarius).* Im Winter verliert das Thorshühnchen seine ziegelrote Farbe. Es nistet in der ganzen nordamerikanischen und europäischen Arktis und breitet sich im Winter über Atlantik und Pazifik aus.

Rechts: Odinshühnchen *(Phaleropus lobatus).* Diese Vögel sind nur fünfzehn bis dreiundzwanzig Zentimeter groß, und keine großen Flieger. Viele sterben bei starken Stürmen auf See.

Odinshühnchen *(Phaleropus lobatus).* Ein Weibchen in seinem vollen Brutkleid an seinem Nistplatz im Nordwesten Kanadas.

Raubmöwen

Kleine Raubmöwe *(Stercorarius longicaudus).* Nur wenn die Kleine Raubmöwe ausgewachsen ist, kann man sie mit Sicherheit von der Schmarotzerraubmöwe unterscheiden. Die schwalbenschwanzähnlichen Schwanzfedern ermöglichen die Identifikation.

Skuas sind dunkelbraune Vögel, nah verwandt mit den Möwen. Es gibt sieben Arten, die man in zwei Gruppen einteilt: die mittelgroßen und großen Raubmöwen, zu denen die Große Raubmöwe, die Chilenische Raubmöwe, die Große Südpolare Raubmöwe und die Antarktische Raubmöwe gehören, sowie die kleinen Raubmöwen, zu denen die Spatelraubmöwe, die Schmarotzerraubmöwe und die Falkenraubmöwe gehören. Die kleineren nisten nur in der nördlichen Arktis. Alle sind Nesträuber, sie ernähren sich von den Eiern und Jungen anderer Seevögel und von Lemmingen. Auf See greifen sie andere Vögel an und zwingen sie, ihre Mageninhalte auszuspeien und fangen diese in der Luft auf. Sie sind stark und gute Flieger.

Raubmöwen unterscheiden sich von Möwen durch ihren gekrümmten Schnabel, der aus vier Plättchen besteht, wovon eines weich und fleischig ist, ähnlich wie die Wachshaut bei Falken. Das Weibchen ist ein bißchen größer als das Männchen. Die Beine der Raubmöwen sind schwarz. Die Füße sind mit Schwimmhäuten und starken Krallen versehen. Alle ausgewachsenen Raubmöwen haben zwei längere Schwanzfedern in der Mitte des Schwanzes. Bei vier der Arten sind diese Federn nicht gut sichtbar, aber bei den Spatelraubmöwen sind sie sehr gut zu sehen. Bei der Falkenraubmöwe sind die zwei spitzen Schwanzfedern fast so lang wie der restliche Körper des Vogels.

Auf ihren Reisen ziehen die Raubmöwen, die im Norden nisten, manchmal über Land, so daß man sie in Sumpfgegenden in Nordamerika, Europa und Asien sehen kann. Selten zwar hat man auch schon Raubmöwen in der Schweiz und in Österreich gesehen. Die meisten Raubmöwen ziehen aber über Wasser zu den gemäßigteren Ozeanen. Manche legen riesige Strecken zurück. Eine Raubmöwe, der in der Antarktis ein Ring angelegt worden war, wurde fünf Monate später in einem Fjord in Grönland erschossen. Das ist der weiteste Flug, den man je bei einem beringten Vogel gemessen hat.

Raubmöwen sind meistens auf dem offenen Ozean. Nur die Chilenische Raubmöwe, die an der südamerikanischen Küste nistet, bleibt in der Nähe der Küstengegenden. Die Antarktische Raubmöwe nistet auf allen Inseln der südlichen Meere und bleibt immer südlich des Äquators. Die Große Südpolare Raubmöwe nistet an den Küsten der Antarktis und verbreitet sich bis nach Alaska.

Raubmöwen paaren sich meistens fürs Leben. Normalerweise legen sie zwei Eier pro Gelege, und wenn ausreichend Futter vorhanden ist, überleben beide Jungen. Wenn nur wenig Futter vorhanden ist, tötet oft der stärkere Vogel den schwächeren. Einer ist immer stärker, weil sie drei Tage nacheinander ausschlüpfen.

Große Raubmöwe *(Catharacta skua.)* Ein Junges auf seinem Nest auf den Falkland-Inseln.

Links: Falkenraubmöwe *(Stercorarius longicaudus).* Die Kleine Raubmöwe wiegt weniger als fünfhundert Gramm und fliegt auf kräftige, elegante Art. An ihren Nistplätzen hoch oben in der Arktis ernährt sie sich praktisch ausschließlich von Lemmingen.

Oben: Spatelraubmöwe *(Stercorarius pomarinus).* Diese Möwe ähnelt außerordentlich der viel kleineren und dünneren Schmarotzerraubmöwe. Die verlängerten Schwanzfedern sind allerdings halbrund und nicht spitz.

Schmarotzerraubmöwe *(Stercorarius parasiticus).* Junge Schmarotzermöwen ziehen von ihren Nistplätzen rund um die Pole zu allen Ozeanen. Viele Junge bleiben zwei Jahre in den Überwinterungsgegenden, bevor sie wieder in den Norden zurückkehren.

Schmarotzerraubmöwe *(Stercorarius parasiticus).* An ihren Nistplätzen ernähren sich Schmarotzerraubmöwen von Lemmingen, kleinen Vögeln, Küstenvögeln und jungen Enten. Sie tragen ihre Beute im Schnabel und schlucken die kleinen Vögel oft auf einmal hinunter.

Möwen, Seeschwalben und Noddies

Links: Die Große Südpolare Raubmöwe *(Catharacta lonnbergi).* Die meisten Skuas sind reine Meeresvögel. Diese Skua nistet an den Küsten der Antarktis, verbreitet sich aber Richtung Norden bis nach Alaska.

Oben: Elfenbeinmöwe *(Pagophila eburnea).* Als erwachsener Vogel ist die Elfenbeinmöwe ganz weiß mit schwarzen Beinen. Der Schnabel hat eine rötliche Spitze. Die Jungen haben matte schwarze Punkte auf ihren Schwänzen und Flugfedern und dunkle Gesichter.

Es gibt 87 oder 88 Vogelarten der Familie *Laridae,* die sich aus 46 Möwen-, 38 Seeschwalben- und 3 bis 4 Noddyarten zusammensetzen. Man ist sich über die genaue Anzahl nicht im klaren, weil über den Status von einigen Arten Uneinigkeit herrscht. Es ist noch nicht einmal sicher, daß Möwen, Seeschwalben und Noddies zur selben Familie gehören; einige Forscher bestreiten dies nämlich.

Möwen, oft fälschlich Seemöwen genannt, haben ihren Ursprung in der nördlichen Hemisphäre. Sie haben aber von dort fast die ganze Welt besiedelt. Die Fähigkeit der Möwen, sich an unterschiedlichste Umgebungen anzupassen, ist erstaunlich. Die Lavamöwe, von der es nur noch ungefähr 1000 Vögel gibt, die alle auf den Galapagosinseln wohnen, bleibt immer in Küstennähe; die Lavamöwe lässt sich selten auf dem Wasser nieder. Die Graumöwe nistet im Landesinnern von Peru und fliegt zum Pazifik, um sich zu ernähren. Dort folgt sie den Schleppnetzfischern oder hüpft am Strand hinter den abfließenden Wellen, wenn sich die Brandung zurückzieht, und sucht nach Futter.

Die meisten Möwen nisten und ernähren sich in Wassernähe. Möwenpopulationen, die im Landesinnern leben, haben in letzter Zeit in weiten Teilen der Erde sehr zugenommen, speziell in Nordamerika. Heutzutage nehmen wir die riesigen Möwenmengen als selbstverständlich hin, und in vielen städtischen Gebieten sind sie zu einer Plage geworden. Aber dieses heutige Problem täuscht eigentlich, denn in den letzten 200 Jahren gab es große Veränderungen der Populationen. Im 17. und 18. Jahrhundert waren Möwen besondere Leckerbißen auf der Tafel reicher Leute in Europa. Sehr viele Vögel wurden gegessen. Die frühen Siedler Amerikas nahmen aus Europa die Vorliebe für Möwenfleisch und Möweneier mit. Sie veranstalteten Eiersuchexpeditionen, suchten früh in der Brutzeit Nistplätze auf und zerstörten alle vorgefundenen Eier. Ein paar Tage später kamen sie zurück, um alle neu gelegten Eier einzusammeln; auf diese Weise waren sie sicher, daß alle frisch waren. Obwohl die Vögel wieder Eier legten, war die Sterblichkeit bei den Jungen, die spät in der Brutzeit ausgebrütet wurden, viel höher. In Europa bekommt man Möweneier in Läden und Restaurants, und sie schmecken wirklich gut. Als ich es noch nicht besser wußte, sammelte ich Dutzende von Möweneiern in den Sümpfen Südenglands. Ich testete jedes Ei in warmem Wasser; wenn es obenauf schwamm, war es zu alt zum Essen, und ich brachte es sofort wieder zurück ins Nest.

Ende des 19. Jahrhunderts verlangte die Hutmode der Damen nicht nur Federn, sondern sogar ganze Vögel auf den Hüten. Möwen und viele andere Arten endeten auf den Köpfen der Menschen. Viele Hutmacher favorisierten langschnabelige Vögel, zum Beispiel Watvögel. Sogar Reiher und Silberreiher waren Teil dieser bizarren Modeerscheinung. Frank M. Chapman vom American Museum of Natural History machte 1896 beim Spazieren durch New York eine Übersicht über 700

Hüte. 542 davon waren mit Federn oder ganzen Vögeln geschmückt, im ganzen waren 40 Vogelarten vertreten. In vielen Teilen Europas und an Amerikas Küsten wurde der Druck auf die Möwenkolonien durch die menschlichen Plünderungen, sei es für Eßwaren oder für das Modegeschäft, zu groß, und viele verließen diese Gegenden. In den siebziger Jahren des 19. Jahrhunderts berichtete ein Ornithologe, daß er 4 Jahre lang keine Silbermöwe in Rhode Island gesehen hätte.

In den achtziger Jahren des letzten Jahrhunderts versuchte die neu gegründete Amerikanische Ornithologen-Vereinigung (AOU) Schutzgesetze für Vögel einzuführen.

1886 trat in Massachusetts ein Gesetz in Kraft, das eine Buße von 10 Dollar für das Töten oder Eierstehlen von Möwen und Seeschwalben beinhaltete. Solche Gesetze wurden zwar oft nicht beachtet, aber dennoch stieg die Anzahl der Möwen Ende des Jahrhunderts wieder an. Zur Unterstützung der neu gegründeten AOU schrieb der Redakteur und Essayist Charles Warner folgendes: «Ein toter Vogel hilft der Erscheinung einer häßlichen Frau nichts, und eine hübsche braucht solchen Schmuck nicht.»

Die Vogelpopulationen haben sich tatsächlich erholt. Der Mensch und sein Abfall haben dazu beigetragen, die Zahl der Möwen überall ansteigen zu lassen.

Von den großen Möwenfamilien kann man nur die zwei Dreizehenarten sowie die Rosenmöwe und die Schwalbenmöwen als rein pelagisch bezeichnen. Die meisten Möwen nutzen einfach die Möglichkeiten, die sich ihnen bieten. Manche Möwenarten folgen auf der Suche nach Nahrung Schiffen und bleiben so manchmal wochenlang auf dem Ozean, andere ernähren sich Tausende von Kilometern im Inland auf Golfplätzen.

Seeschwalben sind im allgemeinen kleiner als Möwen. Sie haben längliche, oft gegabelte Schwänze und längliche Schnäbel. Die drei Scherenschnabelarten sehen aus wie Seeschwalben, gehören aber zu einer anderen Familie. Sie besitzen einen stark vergrößerten Unterkiefer, der beim Fliegen über dem Wasser die Wasseroberfläche durchschneidet. Seeschwalben nehmen ihre Nahrung in der Luft zu sich. Sie fliegen in großer Höhe und stoßtauchen, wenn sie Beute unter der Wasseroberfläche sehen. Seeschwalben sind viel pelagischer als Möwen. Einige, zum Beispiel die Küstenseeschwalbe, unternehmen ungeheure Reisen von über 7000 Kilometern von der Arktis bis zur Antarktis. Sie überqueren dabei den Atlantik und den Pazifik. Andere Arten, wie die Hinduseeschwalben, die Maorimöwen und die Breitschnabelmöwen, kommen fast nie ans Meer.

Seeschwalben reichen in ihrer Größe von der Raubseeschwalbe mit einer Flügelspannweite von 130 Zentimetern bis zu kleineren Arten wie der Zwergseeschwalbe mit einer Flügelspannweite von 50 Zentimetern. Sie haben ganz unterschiedliche Nistgewohnheiten. Manche benutzen einen kahlen Baumast, andere nisten in Büschen und auf Wasserpflanzen. Die Arten, die im Inland leben, fressen Insekten und andere Kleinstlebewesen. Die Nistplätze der Seeschwalben werden oft von Möwen, Krähen, Säugetieren und anderen großen Vögeln heimgesucht. In einigen tropischen Gebieten ziehen Fregattvögel durch eine Kolonie Seeschwalben und fressen so viel, bis sie von den hilflosen Jungen der Seeschwalben völlig übersättigt sind. Die Arten, die am Strand nisten, wurden durch verschiedene Dinge so oft gestört, daß sie als Brüter in großen Gebieten beidseitig des Atlantiks verschwunden sind.

Die 3 oder 4 Arten der Noddies sind sehr attraktive, dunkle Vögel mit schwarzen Beinen und Schnäbeln. Sie stoßtauchen nicht wie sonst die meisten Seeschwalben, sondern treiben in großen Schwärmen kurz über der Wasseroberfläche und fressen Beute, die nah der Oberfläche ist. Sie sind pelagischer als viele Seeschwalben. Sie können Futter aufbewahren und es dann später den Jungen wieder herauswürgen. Noddies bewohnen die tropischen Ozeane. Am besten sieht man sie an der Spitze Floridas.

Silbermöwe *(Larus argentatus).* Die Silbermöwe ist der bekannteste Aasfresser der nördlichen Hemisphäre. Sie lebt in Küstengebieten und im Landesinnern und frißt alles, von Abfällen bis Fisch.

Links: Sturmmöwe *(Larus canus).* Sie ist ursprünglich eurasisch, hat aber auch den Westen Nordamerikas besiedelt. Sie nistet meistens an Teich- und Sumpfrändern, aber gelegentlich auch auf Bäumen, wie man hier sieht.

Links: Australische Seeschwalbe *(Sterna nereis).* Im Brutgefieder hat diese Vogelart eine schwarze Krone und einen roten Schnabel. Sie baut kein Nest, sondern legt ihr Ei auf kahle Baumzweige und brütet es dort auch aus.

Rechts: Dreizehenmöwe *(Larus tridactyla).* Das Junge schmiegt sich an die Klippe, bis es flügge ist und stürzt sich dann Richtung Meer hinab.

Links: Zügelseeschwalbe *(Sterna anaetheta).* Die Zügelseeschwalbe ist hauptsächlich ein Vogel der südlichen Hemisphäre, man kann sie von Australien und Malaysien bis Afrika und Westindien antreffen.

Oben: Aztekenmöwe *(Larus atricilla).* Diese schwarzköpfige Möwe mit dunklen Flügeln nistet an den Ostküsten Nordamerikas und in der Karibik. Sie überwintert südlich von Peru.

Links: Schwalbenmöwe *(Larus sabini).* Sie nistet in sumpfigen Teichen hoch in der Arktis. Ihr Gelege besteht aus drei Eiern, die sie in eine ausgekleidete Mulde legt. Viele ziehen bis nach Chile und Südafrika in den Süden.

Oben: Ringschnabelmöwe *(Larus delawarensis).* Man sieht sie meistens in nordamerikanischen Parks und städtischen Gebieten. Viele ziehen nicht weg, aber einige überwintern in der Karibik.

Schlankschnabelnoddy *(Anous minutus).* Von den vier Noddyarten ist dieser hier der dunkelste mit der blassesten Kappe. Er ist auch weniger pelagisch, denn die meisten Schlankschnabelnoddies kehren nachts an die Küsten zurück und übernachten dort in Bäumen und Büschen.

Dreizehenmöwe *(Larus tridactyla).* Typisch für diese Möwen ist, daß sie nah beieinander auf abschüssigen Kanten von hohen Klippen nisten. Die Kolonien sind oft aus verschiedenen Arten zusammengesetzt, zum Beispiel aus Alken, Tölpeln, Lummen und Papageientauchern.

Rechts: Noddyseeschwalbe *(Anous stolidus).* Sie nisten auf tropischen und subtropischen Inseln im Atlantik, Pazifik und Indischen Ozean. Während Seestürmen werden sie manchmal von ihren normalen Verbreitungsgebieten weit weggetrieben.

Rechts: Bering-Möwe *(Larus glaucescens).* Diese große Möwe hat eine Flügelspannweite von zirka hundertvierzig Zentimetern, blasse graue Flügel und einen weißen Körper. Sie nistet von Ostrußland bis British Columbia. Im Winter zieht sie gen Süden.

Links: Ringschnabelmöwe *(Larus delawarensis).* Sie ist eine nordamerikanische Art und nistet in großen Kolonien in Kanada und im Norden der USA.

Trauerseeschwalbe *(Chidonias niger).* Die Flügel dieser zierlichen Seeschwalbe sind blasser als ihr Körper. Ihr Flug sieht aus, als ob sie in der Luft tanzt. Sie nistet in gemäßigten Gebieten Nordamerikas und Europas und zieht im Winter nach Südamerika und Afrika.

Gabelschwanz-Seeschwalbe *(Sterna vittata).* Die Gabelschwanz-Seeschwalbe ist verwandt mit der Küstenseeschwalbe. Ihre weiten Verbreitungsgebiete überlappen sich. Sie nistet von September bis Mai auf Inseln in den südlichen Ozeanen.

Lavamöwe *(Larus fuliginosus).* Diese Art gibt es nur auf den Galapagosinseln. Sie frisst dort Aas in der Nähe der Fischereibetriebe und Küstenansiedlungen. Sie holt sich ihr Futter entlang der Küsten und läßt sich selten auf dem Wasser nieder.

Königsseeschwalbe *(Sterna maxima)*. Die Königsseeschwalben nisten in der Karibik, Westmexiko und an den Ostküsten Afrikas. Sie ziehen südwärts von ihren Nistplätzen weg.

Oben: Noddyseeschwalbe *(Anous stolidus).* Weibchen und Männchen sehen gleich aus, und ihr Gefieder verändert sich während der Jahreszeiten nicht. Die Jungen ähneln den Erwachsenen, hier im Bild, nur haben sie keine blasse Kappe.

Rechts: Nordamerikanische Silbermöwe *(Larus occidentalis).* Sie nistet und ernährt sich an der Westküste Nordamerikas und ist fast nie im Landesinnern. Man sieht sie gewöhnlich an Stränden und Kais von Südkanada bis Mexiko.

Franklin-Möwe *(Larus pipixcan).* Sie brütet in den Sumpfgebieten der Steppen Kanadas und Nordamerikas und im Süden bis zur Magellanstraße. Einige Vögel ziehen auch nach Westeuropa und Südafrika.

Gabelschwanzmöwe *(Larus furcatus).* Die Gabelschwanzmöwe und die Schwalbenmöwe ähneln sich, und ihre Verbreitungsgebiete um die Küste Südamerikas überlappen sich. Die Gabelschwanzmöwe nistet auf den Galapagosinseln. Typisch für sie ist, daß sie sich im allgemeinen nachts ernährt, weit draußen auf See.

Taraseeschwalbe *(Sterna striata).* Sie brütet in Neuseeland und auf den umliegenden Inseln, zieht aber an die südöstlichen Küsten Australiens. Ihre Nahrung holt sie sich hauptsächlich aus der Brandung.

Küstenseeschwalbe *(Sterna paradisea).* Die Küstenseeschwalbe ähnelt der Flußseeschwalbe. Sie ist aber im allgemeinen blasser und hat einen längeren Schwanz, der sich hinter den Flügeln fortsetzt.

Oben: Raubseeschwalbe *(Sterna caspia).* Diese große Seeschwalbe mit ihrem hervorstechenden roten Schnabel ist fast kosmopolitisch in ihrer Verbreitung. Man trifft sie von Australien bis zu den arktischen Gebieten Nordamerikas und Skandinaviens an. Sie überwintert im Landesinnern und an Küstengewässern.

Rechts: Zwergseeschwalbe *(Sterna albifrons).* Die vermutlich kleinste Seeschwalbe hat eine Flügelspannweite von fünfzig Zentimetern.

Raubseeschwalbe *(Sterna caspia).* Sogar dieses noch nicht flügge Junge besitzt den charakteristischen langen Schnabel der Spezies. Meist bauen sie das Nest in Vertiefungen des Bodens und seltener bei Wasserpflanzen.

Königsseeschwalbe *(Sterna maxima).* Diese großen Seeschwalben haben eine Flügelspannweite von ungefähr hundertzehn Zentimetern. Der Schopf der ausgewachsenen Königsseeschwalbe ist in der Brutzeit ausgefranst, und seine Schwärzung reicht dann bis zum Schnabelansatz. Die hier auf dem Foto haben sich gemausert bis auf einen Federring am Hinterkopf.

Silbermöwe *(Larus argentatus)* und Mantelmöwe *(Larus marinus)*. Beide Möwenarten sind ungestüme Räuber.

Pinguine

Adeliepinguin *(Pigoscelis adeliae).* Dies ist ein Teil einer Kolonie von Adeliepinguinen in der Hope Bay, Antarktis. Viele Jungvögel sind Opfer von Plünderern, und viele verhungern, bevor sie selbst Fische fangen können.

Es gibt achtzehn Arten Pinguine, alle sind flugunfähig, und alle brüten und ernähren sich auf der südlichen Halbkugel. Die Größe der Pinguine variiert vom Kaiserpinguin, der etwa einen Meter groß ist und bis zu fünfundvierzig Kilos wiegt, zum Zwergpinguin in Australien, der nur vierzig Zentimeter groß ist und ungefähr eineinhalb Kilo wiegt. Pinguine haben eine dicke Schicht Speck um sich und abgewandelte Federn. Der Speck dient als Isolierung und ist auch Bezugsquelle für Nahrung. Während der drei- bis vierwöchigen Mauser können die Pinguine im Wasser nicht ihre Körperwärme speichern. Deshalb sind sie während dieser Zeit unfähig zur Nahrungsbesorgung und verlieren ungefähr die Hälfte ihres Körpergewichtes. Ihr Speck hält sie ansonsten am Leben. Ihre Federn sind enganliegend, gerade und dicht, fast wie ein Pelz, und können Luft aufnehmen. Die meiste Luft geht beim Tauchen in der Tiefe verloren. Pinguine putzen sich nach dem Tauchen ausgiebig, vielleicht, damit sich die Luft wieder zwischen den Federn sammeln kann.

Die Flügel der Pinguine haben sich mit der Zeit, als sie immer mehr zu Wassertieren wurden, zu Schwimmflossen umgewandelt. Ähnlich hat sich eine Kormoranart auf den Galapagosinseln angepaßt. Sie haben heute so kleine Flügel, daß sie nicht damit fliegen können. Bevor Menschen und Hunde auf die Galapagosinseln kamen, war Fliegen auch nicht notwendig. Heute aber ist das Überleben dieser Vögel in Gefahr.

Pinguine ernähren sich unter der Wasseroberfläche von krabbenähnlichem Krill und von Fischen. Größere Pinguine fressen gut zwei Kilo täglich. Man schätzt, daß fünf Millionen Adeliepinguine an einem Nistplatz täglich ungefähr achttausend Tonnen Futter zu sich nehmen. Pinguine haben sich angewöhnt, sehr tief nach ihrer Beute zu tauchen. Der Kaiserpinguin kann bis zu dreihundert Meter in die Tiefe tauchen. Einige Pinguinsarten können bis zu achtzehn Minuten untertauchen. Während des Tauchens verlangsamt sich der Herzschlag der Pinguine um vier Fünftel, um die Sauerstoffzufuhr im Blut sicherzustellen.

Pinguine brüten auf Inseln in den südlichen Ozeanen sowie in Afrika, Südamerika, Australien und der Antarktis. Alle, außer den Königs- und Kaiserpinguinen, bauen Nester oder graben Löcher, die sie sehr kampflustig sichern. Die Weibchen legen zwei bis drei Eier, aber im allgemeinen überlebt nur ein Junges.

Sobald sie von ihren Nistplätzen weg sind, wandern Pinguine in Scharen. Vor allem junge Pinguine bleiben zusammen. Sie tauchen auch in Gruppen. Einige Arten schwimmen bei ihren Wanderungen durchs Wasser ein paar Meter unter Wasser, um dann, dank dem Auftrieb, ein kurzes Stück zu «fliegen», ähnlich wie Delphine. Bei ihren Wanderungen legen sie acht bis neun Kilometer pro Stunde zurück. Pinguine sind eher Nomaden, denn sie haben keine fixen Ziele auf ihren Reisen, sondern folgen einfach ihren Nahrungsquellen.

Die Nistplätze der Kaiserpinguine wurden erst 1912 durch drei Männer der Antarktis-Expedition Scotts gefunden. Diese Männer machten mitten im Winter, im Dunkeln, eine Reise, die Apsley Cherry Garrard in seinem ergreifenden Buch *The Worst Journey in the World* (Die schlimmste Reise der Welt) geschildert hat. Sie litten extreme Not, schleppten vollbeladene Schlitten über Eisspalten und entdeckten, daß Kaiserpinguine bei Winteranbruch an Land kommen, ein einziges Ei auf das Eis legen und es aufrecht stehend mit den Füßen ausbrüten. Sie bleiben wochenlang ohne Futter auf dem Eis, um ihre Eier zu schützen. Im ganzen gibt es etwa fünfzigtausend Kaiserpinguine.

Der Zwergpinguin nistet in Löchern in Australien und in Neuseeland. Diese Pinguinart ernährt sich tagsüber und kehrt nachts zu den Nestern zurück. In der Dämmerung versammeln sie sich beim Treibholz in der Nähe des Strandes und watscheln dann in kleinen Gruppen ans Ufer. Sie folgen gut genutzten Pfaden durch die Dünen und wandern landeinwärts, einige einen Kilometer oder mehr. Die Jungen, die in den Löchern warten, sind so aufgeregt und hungrig, daß sie ihren Eltern entgegenstürmen.

Oben: Humboldtpinguin *(Spheniscus humboldti).* Der Humboldtpinguin ist vierundsechzig Zentimeter lang und hat am untersten Teil des Schnabels einen Streifen nackten, rosafarbenen Fleisches.

Rechts: Gelbaugenpinguin *(Megadyptes antipodes).* Manche Pinguinarten ziehen weit umher und bleiben monatelang auf See. Der Gelbaugenpinguin lebt auf der Südinsel, Neuseeland und auf den umliegenden Inseln der Gegend. Nachts kommt er an Land. Er nistet allein oder in losen Kolonien.

Seite 68–69: Königspinguin *(Aptenodytes patagonicus).* Man sieht auf diesem Bild die ganze Ausdehnung einer Kolonie. Alle Pinguine suchen nach Fisch; bei dieser riesigen Menge führt das zu Versorgungsengpässen, die dazu führen, daß viele Junge nicht überleben.

Links: Felsenpinguin *(Eudyptes chrysocome).* Die Federn auf dem Kopf sind das charakteristische Merkmal der Felsenpinguine. Sie haben scharfe Krallen, mit denen sie sich auf dem felsigen Küstenboden, den sie bewohnen, festhalten können.

Oben: Adeliepinguin *(Pygoscelis adeliae).* Ein verwundeter Adeliepinguin wird von anderen angegriffen. Diese Pinguine sind oft Opfer von Haien und Seehunden.

Links: Humboldtpinguin *(Spheniscus humboldti).* Die schwarzen Flecken auf der Brust zeigen, daß es sich um einen erwachsenen Vogel handelt; die Jungen haben eine weiße Brust und einen braunen Kopf. Diese Art brütet das ganze Jahr über an der Westküste Südamerikas.

Rechts: Adeliepinguine *(Pygoscelis adeliae).* Jeder Adeliepinguin frißt gut zwei Kilo pro Tag, vor allem Krill und kleine Fische. Während der Mauser bleiben sie auf dem Eis und fasten. Dabei verlieren sie etwa ein Viertel ihres ursprünglichen Gewichts.

Rechts: Eselspinguin *(Pygoscelis papua).* Das Kennzeichen der erwachsenen Eselspinguine ist der weiße Streifen über dem Hinterkopf, der bis zu den Augen reicht.

Links: Zügelpinguin *(Pygoscelis antarctica).* Eine Kolonie der Zügelpinguine auf den Süd-Sandwich-Inseln umfaßt zehn Millionen Vögel. Die Zahl nimmt zu, weil der Walbestand zurückgeht und sich die Pinguine mit den Walen das Futter streitig machen.

Rechts: Kaiserpinguin *(Aptenodytes forsteri).* Der Kaiserpinguin ist der größte von allen Pinguinen. Er kann mehr als zweihundertvierzig Meter tief tauchen und bis zu achtzehn Minuten unter Wasser bleiben.

SEETAUCHER

Links: Königspinguin *(Aptenodytes patagonicus).* Er brütet auf Inseln nördlich der Antarktis. Er hat farbige Flecken am Kinn und im Nacken und brütet zweimal alle drei Jahre. Zwischen September und März geht er an Land.

Oben: Eistaucher *(Gavia immer).* Der Eistaucher nistet im Norden der USA, in Kanada und in Teilen Grönlands und Islands. Er überwintert auf Gibraltar und in der Karibik.

Es gibt fünf Arten der Familie *Gaviidae.* Der Weißnackentaucher wurde bis 1985 für eine Unterart des Prachttauchers gehalten, aber die Amerikanische Ornithologen-Vereinigung hat ihn jetzt als eigenständige fünfte Art anerkannt. Dieser Vogel ist ein bißchen kleiner als der Prachttaucher, hat einen kürzeren Schnabel und geringfügig anderes Gefieder.

Seetaucher sind große Vögel und ähneln ein wenig den Enten und Kormoranen. Alle Seetaucher leben auf der Nordhalbkugel. Sie leben vorwiegend im Wasser und ernähren sich hauptsächlich von Fischen, aber sie fressen auch Krabben, Unterwasserinsekten, Langusten, Schalentiere und einige Pflanzen. Gewöhnlich bleiben sie nicht länger als eine Minute unter Wasser, man hat sie aber auch schon in siebzig Metern Tiefe gesehen. Sie bewegen sich im Wasser mit ihren großen, mit Schwimmhäuten versehenen Füßen vorwärts; manchmal helfen sie mit den Flügeln nach.

Die Seetaucher sind starke, schnelle Flieger, obwohl ihre Flügel ziemlich klein sind und sich weit hinten am Körper befinden. Da die Beine auch weit hinten sind, sind alle Seetaucher, außer dem Sterntaucher, unfähig, in einer aufrechten Position zu gehen oder zu stehen. Sie schieben sich auf ihrer Brust vorwärts. Aus diesem Grund bauen sie ihre Nester auf Erhöhungen oder in Sumpfgebieten, die nur ein paar Zentimeter aus dem Wasser hervorstehen. Wegen der Kombination von kleinen Flügeln mit einem schweren Körper ist es für die Seetaucher, abgesehen vom Sterntaucher, schwierig, in die Luft zu kommen. Sie rennen wie verrückt auf der Wasseroberfläche gegen den Wind an und schleudern sich dann in die Luft. Mit Ausnahme des Sterntauchers können sie alle nicht vom Land her starten. Wenn sie einmal in der Luft sind, sind sie einfach zu erkennen, im Flug ist nämlich ihr Hals tiefer als der restliche Körper gelegen. Es sieht aus, als ob sie einen Buckel haben. Die Eis-, Pracht- und Weißnackentaucher haben gerade, kegelförmige Schnäbel, die Gelbschnabel-Eistaucher und die Sterntaucher haben leicht nach oben gebogene Schnäbel.

Auch wenn die Seetaucher sich fast immer im Wasser aufhalten, so findet die Begattung doch auf dem Lande statt. Die Weibchen legen üblicherweise zwei bräunliche, gefleckte Eier, die auch beim Verlassen des Nestes nicht bedeckt werden.

Die frisch geschlüpften Jungen sind dunkel; sie erhalten aber bald ein neues Federkleid. Jedoch das Brutgefieder erhalten sie erst im dritten Lebensjahr.

Das Brutgefieder ist bei allen Seetauchern stark gezeichnet, sie sehen elegant und geschmeidig aus. Der Eistaucher nistet westlich von Island bis nach Alaska, die anderen Arten nisten aber auch in Nordeuropa. Alle überwintern auf Salzwasser, entweder den Küsten entlang oder direkt auf dem Meer. Einige bleiben im Landesinnern und ziehen nur so weit südwärts, daß sie genug Essen und eisfreie Gewässer finden.

Ein paar Worte noch zum Sterntaucher, der zwar auch zur Familie der Seetaucher gehört, aber – wie bereits angedeutet – durch einige körperliche Besonderheiten von den anderen Arten absticht: Im Gegensatz zu ihnen hat er ein verhältnismäßig großes Flügelpaar. Die Schwingen sind genauso weit wie beim Prachttaucher, obwohl der Sterntaucher nur sechzig Prozent dessen Gewichtes besitzt. Deshalb ist er auch in der Lage, ohne Schwierigkeiten zu fliegen. Diese Fähigkeit hat auch für ihr Brutverhalten Konsequenzen: Sterntaucher suchen sich gerne kleine Teiche mit grasbestandenen Ufern, und es macht ihnen nichts aus, wenn diese Teiche keine Fische enthalten, in diesem Falle legen sie ohne weiteres Flüge von mehreren Kilometern zurück, um sich Beute zu suchen.

Prachttaucher *(Gavia arctica).* Die Brutplätze des Prachttauchers reichen vom Norden Nordamerikas bis nach Europa und Asien. Er überwintert im Pazifik und im östlichen Teil des Atlantiks.

Sterntaucher *(Gavia stellata).* Der Sterntaucher kann, im Gegensatz zu den anderen Seetauchern, aufrecht stehen. Er kann auch ohne lange auf dem Wasser zu rennen losfliegen. Er legt zwei dunkelbraune Eier, die ungefähr sechsundzwanzig Tage lang ausgebrütet werden müssen.

Prachttaucher *(Gavia arctica).* Der Prachttaucher nistet praktisch unbeweglich an Teich- oder Seerändern. Er kann nicht aufrecht laufen und schiebt sich am Boden vorwärts.

Lappentaucher

Renntaucher *(Aechmophorus occidentalis).* Sie ähneln den Enten sehr, aber man kann sie an ihren spitzen Schnäbeln und den kurzen Schwanzfedern von den Enten unterscheiden. Die Zehen des Lappentauchers haben flache Lappen, aber keine Schwimmhäute.

Es gibt neunzehn oder zwanzig Arten von Lappentauchern, von denen mindestens eine Art auf allen größeren Landgebieten der Welt, mit Ausnahme der Antarktis, vorkommt. Alle brüten im Süßwasser, meistens auf Massen von verrottender Vegetation, wie sie in fließenden Sümpfen zu finden ist. Einige Arten erreichen nie Salzwasser, während andere, nämlich die Rothalstaucher, die Haubentaucher, die Ohrentaucher und die Schwarzhalstaucher, im Winter eigentlich pelagisch sind. Andere, wie die Renntaucher Nordamerikas und die Magellantaucher des südlichen Südamerikas, ziehen im Winter zu den Küstengewässern hin.

Viele der Lappentaucherarten sind bekannt für ihre entwickelten und spektakulären Balzrituale, für die sie sich, einzeln oder paarweise, in aufrechter Haltung auf der Wasseroberfläche bewegen. Wenn sie erschreckt sind, tauchen sie eher, anstatt zu fliegen und schwimmen in der Regel unter Wasser in den Schutz des Sumpfes. Sie sind auch, wie die Seetaucher, fähig, die Luft aus ihren Körperfedern zu pressen und unterzutauchen, so daß nur ihre Augen und Nasenlöcher über der Wasseroberfläche bleiben. Beim Tauchen stoßen sich einige Arten mit ihren Füßen auf- und vorwärts, räumen dabei die Wasseroberfläche frei, um dann nach Art mancher kleinerer Enten zu verschwinden.

Was ihre äußere Erscheinung betrifft, haben Lappentaucher auf dem Wasser eine oberflächliche Ähnlichkeit mit Enten, besonders von weitem. Viele jedoch haben eher lange und schlanke Hälse, und alle haben spitze Schnäbel und kurze Schwanzfedern. Im Wasser steuern sie mit ihren Füßen, die zurückhängen, wenn sie fliegen. Die Zehen der Lappentaucher haben flache Lappen und keine Schwimmhäute.

Lappentaucher liegen in der Grösse zwischen den dreiundzwanzig Zentimetern des Schwartkopftauchers, der von Texas bis Nordargentinien lebt und fast nie das Süßwasser verlässt, bis zu dem Magellantaucher in Südamerika, der gut sechzig Zentimeter mißt. Im Brutkleid haben manche Arten hervorgehobene Schöpfe, Kämme und Gesichtsmarkierungen. Wie die Seetaucher fliegen sie mit Hals und Kopf unter der Rückenlinie.

Schwarzhalstaucher *(Podiceps nigricollis).* Der Schwarzhalstaucher nistet in Sumpfgebieten auf allen Kontinenten außer Australien. Im Winter verliert er seine knallig gelben «Ohren» und bekommt ein fades grauweißes Gefieder.

Bindentaucher *(Podiceps podiceps).* Den Bindentaucher findet man kaum am Salzwasser. Er nistet von Nordkanada bis zur Spitze Südamerikas.

Schwarzhalstaucher *(Podiceps nigricollis).* Wie die anderen Lappentaucher nistet der Schwarzhalstaucher auf Süßwasser, ist aber einer der wenigen, die auf ihrer Wanderung zum Salzwasser ziehen.

Links: Rothalstaucher *(Podiceps grisegena).* Der Rothalstaucher ist im Sommer auf der nördlichen Halbkugel weit verbreitet. Im Winter zieht er zu den Küstengegenden.

Oben: Renntaucher *(Aechmophorus occidentalis).* Er ist ein langhalsiger schwarzweißer Vogel und hat eine Flügelspannweite von gut einem Meter. Er nistet nur im Westen Nordamerikas und zieht im Winter zu den Küsten Mexikos bis British Columbia.

Ohrentaucher *(Podiceps auritus).* Sie bauen ihre Nester in Anhäufungen von Wasserpflanzen, meistens auf offenem Wasser, befestigen sie aber an der nächstgelegenen Pflanze. Obwohl man auf dem Bild nur zwei sieht, legen sie gewöhnlich vier Eier.

Die Gattung der Röhrennasen

Scheuer Albatros *(Diomedea cauta)*. Die Nistkolonie des Scheuen Albatrosses um Tasmanien war einst riesig. Im Jahre 1909 hatten Jäger, die auf die Federn aus waren, die Kolonie bis auf zweihundertfünfzig Nester reduziert. Seit damals hat sie sich wieder erholt und zählt heute etwa zweitausend Nester. Der Scheue Albatros nistet in Südaustralien und Neuseeland und zieht westwärts bis nach Afrika.

Die Gattung der Röhrennasen kennzeichnet sich durch röhrenartige äußere Nasenlöcher entweder auf der Schnabelfirste oder den Schnabelseiten. Die Schnäbel bestehen aus einzelnen Hornplättchen, die durch Rillen getrennt sind. Bei allen Arten ist der Schnabel an der Spitze nach unten gekrümmt. Die Gattung besteht aus den folgenden Familien: Albatrosse (13 Arten), Sturmvögel (61 Arten), Sturmschwalben (21 Arten) und Tauchsturmvögel (4 Arten). Sie variieren in der Größe vom Wanderalbatros, dem größten Seevogel der Welt mit einer Flügelspannweite von bis zu 3,50 Metern, bis zu den Zwergsturmschwalben, die nur 15 Zentimeter lang sind und eine Flügelspannweite von 27 Zentimetern haben. Röhrennasen sind rein pelagisch, sie verbringen nämlich, außer zu Brutzeiten, ihr ganzes Leben auf dem Wasser.

Alle Röhrennasen besitzen die Fähigkeit, ihr Futter in eine ölige Masse umzuwandeln, die sie im Magen aufbewahren und den Jungen dann direkt in ihre Mägen hineinwürgen können. Der grösste Albatros kann bis zu 2 Kilo Nahrung transportieren. Dank dieser Fähigkeit können die erwachsenen Vögel auf ihrer Nahrungssuche mehrere Tage von ihren Jungen getrennt sein.

Albatrosse

Die Albatrosse sind die größten Vertreter der Röhrennasen. Sie haben lange, schmale Flügel, mit denen sie dicht über der Wasseroberfläche segeln, sich mit dem Wind treiben lassen und wieder hinabsegeln auf der ständigen Suche nach Nahrung. Sie sind langlebige Vögel mit einer durchschnittlichen Lebenserwartung von unter 30 Jahren. Fast alle nisten in Kolonien, die Tausende von Vögeln beherbergen. Sie nisten auf Erdhügeln oder in vom Sturm ausgehöhlten Löchern in Böschungen und Abhängen, auf abgestuftem Gelände oder flachem Boden. Einer der Nistplätze des Laysanalbatrosses befindet sich auf den Midway-Inseln im Pazifik. Als die amerikanische Luftwaffe einen Stützpunkt auf den Midways baute, plazierten sie die Landebahn genau durch das Brutgebiet der Albatrosse. Im Zweiten Weltkrieg und noch einige Zeit später gab es oft Zusammenstöße zwischen Vögeln und Flugzeugen, denn die Vögel gaben ihr Revier nicht auf.

Der Wander- und der Königsalbatros brüten erst mit 9 oder 10 Jahren. Die Brutzeit und das Aufziehen der Jungen dauern sehr lange, zirka 11 Monate. Deshalb nisten sie auch nur jedes zweite Jahr. Die anderen Arten dagegen nisten jährlich.

Alle Albatrosse ernähren sich auf der Wasseroberfläche, meistens von Tintenfischen, sie können aber auch tauchen. Sie sind eine leichte Beute für Haie und andere große Fische. Man hat einen Hai gefunden, der 13 Albatrosleichen und Federn weiterer Albatrosse in seinem Magen hatte. Die meisten Albatrosarten nisten und leben im Gebiet der südlichen Ozeane, nur 3 Arten ziehen im Pazifik bis nach

Alaska und Sibirien in den Norden. Der Chatham-Insel-Albatros bleibt in der Nähe der Insel, die seinen Namen trägt, östlich von Neuseeland.

Sturmvögel

Zur Familie der Sturmvögel und Sturmtaucher gehören die Südlichen Riesensturmvögel, die Eissturmvögel, die Sturmtaucher, die Sturmvögel (die der Familie den Namen gaben) und die Walvögel. Insgesamt gibt es 72 Arten. Der Unterschied zu den Albatrossen besteht darin, daß ihre Nasenlöcher in einer Röhre vereinigt sind. Die meisten ernähren sich ausschließlich vom Meer. Vor allem die Sturmtaucher folgen den Schiffen auf See, in Küstennähe kommen die Möwen dazu. Obwohl sie sich auch von den Abfällen, die von den Schiffen aus ins Meer geworfen werden, ernähren, ist es möglich, daß sie den Schiffen auch deshalb folgen, weil deren Bugwellen Tintenfische und Krabben an die Oberfläche wirbeln. Viele dieser Familie nisten in Kolonien, sie bauen Nester in weichem Grund oder Sand.

Wir saßen einmal stundenlang an einem Strand auf den Philip-Inseln in Südaustralien und beobachteten Kurzschwanz-Sturmtaucher, die hin und her übers Wasser flogen. In der Dämmerung kamen sie in die Nähe der Küste, und als es dunkel war, flogen sie zu Hunderten zu ihren Nestern in den Dünen hinter uns.

Auf See sind die meisten Vögel schwierig zu identifizieren. Sie sehen im allgemeinen einheitlich schwarz aus. Es ist auch schwierig, ihre Größe im Vergleich zu anderen zu bestimmen. Auch daß jede Art, bevor sie erwachsen ist, durch verschiedene spezielle Farbphasen geht, macht es nicht einfacher. Der Südliche Riesensturmvogel, zum Beispiel, ähnelt einigen Albatrossen sehr, doch die Albatrosse haben längere Schnäbel. Die Eissturmvögel sehen aus wie Möwen. Sie sind schwierig zu identifizieren, auch für die wenigen, die die Möglichkeit haben, sie im Flug zu beobachten; Fischer, Ozeanpassagiere und andere Meerestouristen zum Beispiel. Nur ein paar Menschen besuchen die abgelegenen Inselnistplätze, wo die Identifikation leichter ist. Im großen und ganzen kann man sagen, daß die Sturmtaucherfamilien lange schlanke Flügel und relativ kurze Körper haben.

Sturmschwalben

Es gibt 23 Arten, und sie leben in beiden Hemisphären. Einzelne Arten sind extrem schwierig zu identifizieren, aber als Gruppe sind sie kleiner als Sturmschwalben und Sturmtaucher und erscheinen aus der Ferne schwarz. Die meisten Arten haben einen weißen Rumpf, und einige sind auch auf der Unterseite der Flügel weiß. Die, die auf der Nordhalbkugel brüten, haben spitzere Flügel als die auf der Südhalbkugel – dies ist allerdings kein sehr verläßliches Identifikationsmerkmal.

Einige Arten bleiben immer in der Nähe ihrer Brutplätze, andere, zum Beispiel die Buntfuß-Sturmschwalbe, ziehen von der Antarktis nordwärts bis Grönland durch den Indischen Ozean und den Pazifik. Sie ist vermutlich die häufigste Seevogelart der Welt.

Sturmschwalben ernähren sich im Flug, sie flattern knapp über der Wasseroberfläche mit herabhängenden Beinen. Weil sie sich nicht von einer großen Beute ernähren, sondern von Larven und Plankton, fressen sie den ganzen Tag lang. Sie sind zwischen 13 und 25 Zentimeter groß.

Tauchsturmvögel

Es gibt 4 Arten Tauchsturmvögel, alle leben auf der südlichen Halbkugel. Sie ähneln mit ihren kurzen Flügeln den Alken. Sie schwirren mit ungeheurer Energie über den Ozean. Sie fliegen oft in eine Sturzwelle hinein, wie einige Alke auch, und auf der anderen Seite wieder hinaus.

Diese kleine Gruppe Vögel unterscheidet sich von den übrigen Sturmschwalben dadurch, daß sie zweiröhrige Nasenlöcher hat, statt nur einer Röhre wie die anderen. Sie ziehen nicht weit umher.

Pazifiksturmtaucher *(Puffinus pacificus).* Der Pazifiksturmtaucher nistet im mittleren Pazifik und im Indischen Ozean. Die Schwanzform ist kein verläßlicher Hinweis zur Identifikation.

Galapagosalbatros *(Diomedea irrorata).* Andere Albatrosarten segeln sehr gut, diese Art hier kann es aber nicht so gut. Sie müssen dauernd mit den Flügeln schlagen, sogar bei Sturm. Sie nisten auf den Galapagosinseln und ziehen zu den Küsten Perus und Ecuadors.

Pazifiksturmtaucher *(Puffinus pacificus)*. Hier ein Pazifiksturmtaucher in seiner dunklen Gefiederphase. Er ernährt sich ausschließlich auf dem Meer. Er gräbt sich sein Nest an Inselsandstränden oder an Festlandküsten.

Südlicher Riesensturmvogel *(Macronectes giganteus).* Die äußere Röhre, durch die diese Vogelart atmet, sieht man am Oberkiefer. Die Schnäbel aller Röhrennasen sind an der Spitze gekrümmt und durch Rillen unterteilt.

Großer Sturmtaucher *(Puffinus gravis).* Die Brutplätze der Großen Sturmtaucher liegen auf den abgelegenen südlichen Inseln im Atlantik, auf Nightingale, Inaccessible, Tristan da Cunha und Gough. Ihre Anzahl hat sich in diesem Jahrhundert von zwei auf vier Millionen erhöht.

Rechts: Wanderalbatros *(Diomedea exculans).* Wie fast alle Albatrosse lebt auch der Wanderalbatros auf den südlichen Ozeanen. Er hat keine festen Zugwege.

Rechts: Südlicher Riesensturmvogel *(Macronectes giganteus).* Sie sind eng mit den Albatrossen verwandt, haben aber nicht deren Eleganz und Fähigkeit im Gleiten. Sie schleppen sich mit schwerem Flügelschlag und kurzen Gleitflügen vorwärts.

Links: Schwarzbrauenalbatros *(Diomedea melanophris).* Albatrosse nisten in Kolonien – manche Kolonien umfassen zehntausend Vögel. Sie mischen sich auf den Nistplätzen oft mit den Graukopfalbatrossen. Sie brüten ihr Ei etwa achtundsechzig Tage lang aus.

Gabelschwanz-Wellenläufer *(Oceanodroma furcata)*. Diese Art lebt im nördlichen Pazifik und nistet von British Columbia bis Japan. Die Population der Gabelschwanz-Wellenläufer in Alaska umfaßt zirka fünf Millionen Vögel.

Skua *(Catharacta skua.)* In der Nistzeit balzen sie, um einen Partner zu finden. Auf See sind sie Einzelgänger. Manchmal folgen sie Schiffen, um Futterbrocken zu ergattern oder um Nahrung zu suchen, die in den Wellen hochgewirbelt wurde.

Wellenläufer *(Oceanodroma leucorhoa).* Der Wellenläufer gräbt sich an allen Küsten der nördlichen Halbkugel seine Nester. Er ist nur zwanzig Zentimeter lang und hat eine Flügelspannweite von fünfundvierzig Zentimetern. Sein Flug ist leicht, und auf der Suche nach Nahrung schleift er oft seine Füsse auf der Meeresoberfläche nach.

Südlicher Rußalbatros *(Phoebetria palpebrata).* Die südlichen Ozeane bilden den Lebensraum dieser Vogelart. Sie kehren im September/Oktober zu ihren Kolonien zurück. Ihre Jungen werden im folgenden April oder Mai flügge und verlassen die Kolonie.

Schwarzbrauenalbatros *(Diomedea melanophris).* Mit seinen zweieinhalb Metern Flügelspannweite kann der Schwarzbrauenalbatros mit einem Minimum an Energie segeln. Er nimmt Vorräte in seinem Magen auf, die er später den Jungen direkt in den Magen hineinwürgt.

Die Gattung der Pelikane

Blaufußtölpel *(Sula nebouxii).* Typisch für diese Vögel ist ihre gestreifte, stark befederte Nackenpartie. Der Blaufußtölpel nistet während des ganzen Jahres. Seine Nahrung variiert je nach Fischbeständen und den Schwankungen der Meeresströmung.

Die Gattung der Pelikane besteht aus den Pelikanen (sieben Arten), den Tölpeln und Tropischen Tölpeln (ungefähr sieben Arten), Kormoranen (neunundzwanzig Arten), Schlangenhalsvögeln (zwei Arten), Fregattvögeln (fünf Arten) und den Tropikvögeln (drei Arten). Alle Vögel dieser Gattung haben vier mit Schwimmhäuten versehene Zehen, aber abgesehen davon sehen sie ganz unterschiedlich aus. Die meisten sind weniger pelagisch als die Röhrennasen. Kormorane, Pelikane und Schlangenhalsvögel findet man nur an Küsten- und Binnengewässern, während Tropikvögel und Tropische Tölpel auch mitten auf dem Meer angetroffen werden können. Die meisten Arten der Gattung nisten am Boden. Ein paar nutzen natürliche Mulden und Vertiefungen, denn keine der Arten kann ihre Nester selbst graben. Fregattvögel, Pelikane und einige Tropische Tölpel, Schlangenhalsvögel und Kormorane nisten in Bäumen und Büschen, oft in Mangrovenbäumen.

Tropikvögel

Die drei sich sehr ähnelnden Arten der Tropikvögel gehören zu den spektakulärsten der Seevögel. Sie sind fast ganz weiß, nur einige Flugfedern in der zweiten Federnschicht sind schwarz. Sie sind ungefähr fünfzig Zentimeter lang, haben spitz zulaufende Flügel und fächerartige Schwänze.

Sobald sie von ihren Nistplätzen weg sind, verhalten sie sich sehr pelagisch, man kann sie aber manchmal von tropischen oder semitropischen Inseln aus beobachten. Da sie keine speziellen Nistzeiten haben, kann man sie das ganze Jahr über in der Nähe der Nistplätze sehen, wo sie sich zu losen Kolonien versammeln. Sie suchen sich Löcher oder andere natürliche Vertiefungen und legen dort ihre Eier hinein.

Auf See fliegen sie in mittlerer Höhe. Wenn sie eine Beute ausgemacht haben, klappen sie die Flügel zusammen und stoßtauchen wie die Tölpel ins Wasser. Wenn sie wieder hochkommen, treiben sie wie Möwen auf der Wasseroberfläche. Tropikvögel sind vor dem Wasseraufprall mit einem Luftkissen unter der Brust geschützt. Obwohl sie eher Einzelgänger sind, schließen sie sich manchmal beim Jagen Möwen- und Seeschwalbengruppen an.

Der Rotschnabel-Tropikvogel und der Weißschwanz-Tropikvogel kommen im Atlantik und in der Karibik, im Pazifik und im Indischen Ozean vor. Den Rotschwanz-Tropikvogel findet man nur im Pazifik und im Indischen Ozean.

Tölpel und Tropische Tölpel

Die neun Arten der Tölpel und Tropischen Tölpel sehen sich äußerlich ähnlich: sie sind alle groß; haben starke, kegelförmige Schnäbel; lange, enge Flügel und keilförmige Schwänze. Der Baßtölpel, der beidseitig des Atlantiks brütet, der Kaptölpel Südafrikas und der Australische Tölpel haben alle weiße Körper und Flügel mit schwarzen Spitzen, blasse Schnäbel und eine goldene Tünche am Hinterkopf. Sie unterscheiden sich nur durch die Schwanzspitzen. Im Winter zieht der Baßtölpel südwärts, den Küsten Nordamerikas und Europas entlang bis zum Atlantik; dort kann man ihn oft von der Küste aus sehen. Die Tölpel sind pelagischer als die dunkleren Tropischen Tölpel; letztere können zwar gut im Wasser bleiben, kommen aber nachts meist an Land.

Tropische Tölpel kann man leicht untereinander oder mit jungen Tölpeln verwechseln. Nur der Maskentölpel und der Rotfußtölpel sind leicht zu bestimmen: die Farbe ihrer Beine und Füsse ist ausschlaggebend.

Die Arten dieser Gattung sind zielgerichtete Flieger, sie schlagen mit den Flügeln und segeln abwechselnd. Alle sind Stoßtaucher und stürzen sich aus bis zu dreißig Metern Höhe auf ihre Opfer. Tölpel tauchen vertikal, die Tropischen Tölpel in einem Winkel zum Wasser.

Die Tölpel nisten auf den Klippengraten, auf abschüssigem oder flachem Boden, selten mehr als zwanzig Meter vom Rand des Wassers entfernt. Es gibt eine Kolonie auf der Bonaventure-Insel an der Spitze der Gaspé-Halbinsel im Atlantik. Dort sieht man den normalen Verlauf der Nistplätze an der Vorderseite der Klippe: Dreizehenmöwen, Lummen und Alke und am Schluß Tölpel. Schutzgeländer wurden in der Nähe der Nester errichtet, aber die Vögel stören sich anscheinend nicht an Besuchern. Diese Nistklippen sind auf allen Ebenen voller ankommender und wegfliegender Vögel. Sie sind erfüllt vom Gezänk der Vögel um ihre Reviere und dem Grüßen der brütenden Vögel.

Links: Baßtölpel *(Sula bassana).* Tölpel nisten im allgemeinen zuoberst auf den Klippen, Dreizehenmöwen und Lummen auf den mittleren und unteren Rändern bis zum Verlauf der Brandung.

Oben: Nashornpelikan *(Pelecanus erythrorhynchos).* Pelikane nisten meistens am Boden. Sie sind nicht so pelagisch wie mit ihnen verwandte Arten – die Tölpel, Tropischen Tölpel und Tropikvögel zum Beispiel.

Seite 112–113: Baßtölpel *(Sula bassana).* Manche Tölpelkolonien haben einen Vogelbestand von zirka fünfzigtausend. Im ganzen gibt es ungefähr eine halbe Million Baßtölpel.

Oben: Blaufußtölpel *(Sula nebouxii).* Diese Art lebt hauptsächlich an den nördlichen Küsten Südamerikas, nordwärts bis Mexiko. Sie bleiben im allgemeinen in der Nähe der Küsten, sie tauchen in einem bestimmten Winkel nach Beute ins Wasser.

Rotschnabel-Tropikvogel *(Phaeton aethereus).* Dieser Tropikvogel nistet in Höhlen, auf Felsvorsprüngen oder in steinigen Mulden am Boden. Er legt sein Ei auf den blanken Felsboden. Sie nisten zu jeder Jahreszeit und sie haben keine festen Zugmuster.

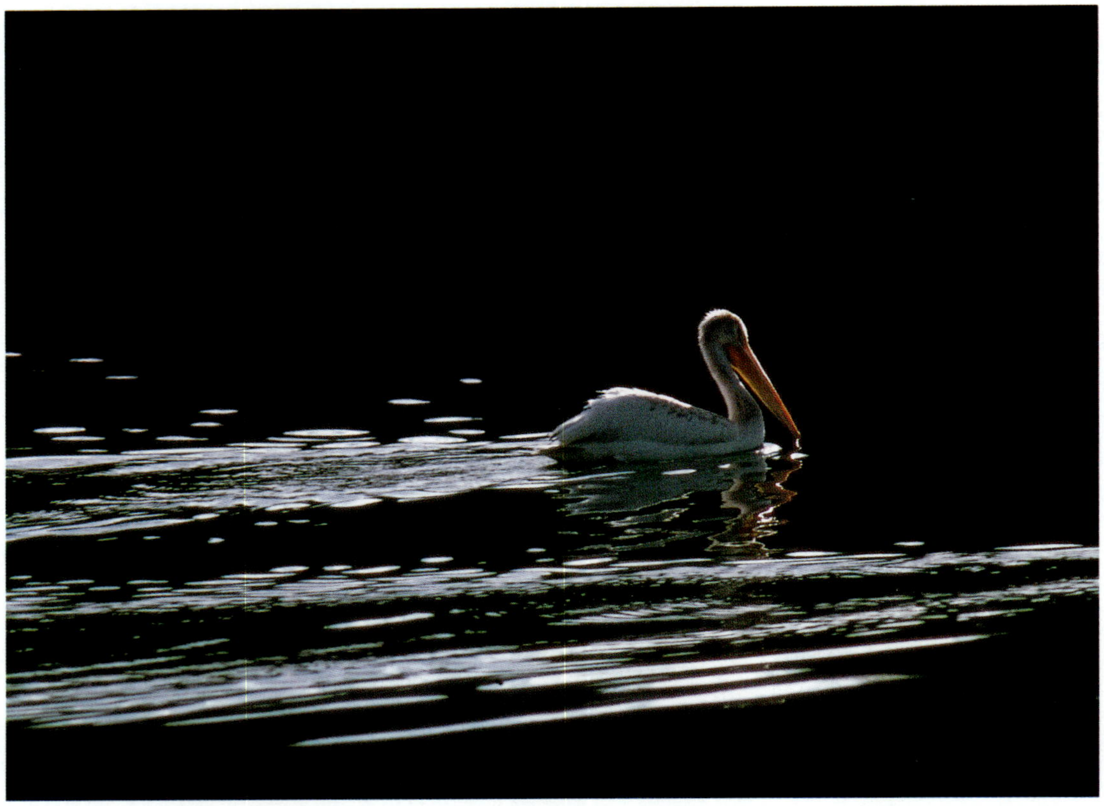

Links: Nashornpelikan *(Pelecanus erythrorhynchos).* Die Pelikanpopulation hängt vom Nahrungsnachschub ab. Plötzliche Veränderungen der Strömung, wie das *el niño* genannte Phänomen vor der Küste Perus, können ihren Bestand drastisch reduzieren.

Links: Rotschnabel-Tropikvogel *(Phaeton aethereus).* Der lange schwalbenschwanzförmige Schwanz dieses schönen und flinken Vogels ist gut sichtbar. Wenn er nicht nistet, zieht er auf dem Ozean umher und fliegt in einer Höhe von neun bis fünfzehn Metern über Wasser. Er schnappt seine Beute, indem er ins Wasser hinuntertaucht.

Rechts: Baßtölpel *(Sula bassana).* Obwohl das Revier eines Tölpelpaars nur ungefähr dreißig Zentimeter Ausdehnung hat, wird es oftmals heftig gegen Eindringlinge verteidigt; wenn aber ein Küken unbemerkt ins Nest rutscht, wird für es gesorgt.

Links: Rotfußtölpel *(Sula sula).* Der Rotfußtölpel ist auf den tropischen Ozeanen weit verbreitet. Er nistet nur auf bewaldeten Inseln, da er sein Nest in Bäumen baut.

Rechts: Baßtölpel *(Sula bassana).* Ungefähr neunzig Prozent der Tölpel kehren jährlich zum selben Nistplatz und zum selben Partner zurück. Im Winter bleiben sie aber fast nie zusammen.

Oben: Maskentölpel *(Sula dactylatra).* Der Maskentölpel ernährt sich praktisch ausschließlich von fliegenden Fischen, die er im Sturzflug aus neun Metern Höhe fängt.

Rechts: Maskentölpel *(Sula dactylatra).* Er brütet und zieht überall auf tropischen Meeren umher. Es gibt vier Unterarten des Maskentölpels, ihr unterschiedliches Aussehen ist nicht ohne weiteres bemerkbar.

Seite 121–123: Baßtölpel *(Sula bassana).* Am Tag herrscht in einer Tölpelkolonie ununterbrochen Lärm und Verkehr. Die nistenden Weibchen begrüßen die Männchen und die Fische, die sie mitbringen, mit lautem Gekreische.

Links: Baßtölpel *(Sula bassana).* Im Winter zieht der Baßtölpel südwärts den Küsten Nordamerikas und Europas nach bis zum Atlantik. Dort kann man ihn oft von der Küste aus sehen.

Oben: Brauner Pelikan *(Pelecanus occidentalis).* Es braucht eine Flügelspannweite von zwei Metern, um diesen dreieinhalb Kilo schweren Vogel zu tragen. Er gleitet und schlägt mit den Flügeln beim Flug nah der Wasseroberfläche. Wenn er Fische sichtet, erhebt er sich ein Stückchen vom Wasser und taucht dann nach ihnen.

Rotschnabel-Tropikvogel *(Phaeton aethereus).* Tropikvögel sind im allgemeinen Einzelgänger und weit draußen auf dem Meer, aber zur Brutzeit bleiben sie in Küstennähe. Der Rotschnabel-Tropikvogel nistet an den Küsten des Pazifiks von Mexiko bis Kolumbien, in der Karibik, im Atlantik und im Indischen Ozean.

ALKE

Papageientaucher *(Fratercula arctica).* Der Papageientaucher nistet von Neufundland bis Großbritannien über Grönland, Island, Skandinavien und die russischen Inseln. Es gibt drei Unterarten, die aber nicht ohne weiteres zu unterscheiden sind.

Es gibt zweiundzwanzig Alkenarten. Alle nisten und leben im Nordpazifik und im Nordatlantik. Ökologisch gesehen sind sie die Gegenstücke der Pinguine und Tauchsturmvögel auf der nördlichen Halbkugel. Obwohl alle heute lebenden Alke fliegen können (Pinguine können nicht fliegen), ähneln sich die zwei Gruppen äußerlich. Alke sind hauptsächlich dunkel und weißfarben, einige haben aber helle farbige Stellen. Sie schwimmen tief im Wasser und haben dicht zusammengepreßte Brustfedern. Wenn sie an Land sind, sitzen sie aufrecht auf ihren Beinen, die sich zuhinterst an ihrem Körper befinden. Die größeren Arten ernähren sich von Fisch, die kleineren von Plankton. Zur Gruppe gehören die Lummen, die Tordalke, die Papageientaucher und kleinere Alke und kleinere Lummen.

Von der Familie der Alke sind wahrscheinlich die Papageientaucher die bekanntesten. Sie haben eigenartig lange, vielfarbige Schnäbel, leuchtende rote Beine und mit Schwimmhäuten versehene Füße. Obwohl sie Erdnester bauen, kommen sie aber nicht nur, wie die Sturmschwalben, nachts an Land, sondern man kann sie auch tagsüber an ihren Nistplätzen antreffen. Sobald die Jungen annähernd flügge sind, verlassen die Eltern das Nest und ziehen sich weit hinaus aufs Meer zurück. Wenn die Jungen hungrig genug sind, folgen sie ihnen. Nach der Brutzeit werfen die erwachsenen Vögel ihren bunten Schnabel ab, und es wächst ihnen ein neuer nach. Im Winter sieht man fast keine Alke in Küstennähe, denn sie bleiben schwimmend in losen Schwärmen mitten im Ozean. In dieser Zeit mausern sie sich und können eine Zeitlang nicht fliegen. Alke ernähren sich von kleinen Fischen, die sie manchmal geschickt seitlich am Körper verstauen, je abwechselnd mit Fischkopf und -schwanz vollbeladen, und schwimmend zu den Nestern bringen. Dies erklärt sich daraus, daß die Alke, wenn sie unter Wasser durch einen Fischschwarm schwimmen, immer einen Fisch auf die eine Seite und dann den nächsten auf die andere nehmen.

Die Trottellumme nistet auf engen Felsvorsprüngen von Klippen, Schulter an Schulter in Reihen, unter den Dreizehenmöwen. Die Nester sind häufig auf sehr abschüssigen Vorsprüngen, aber die Eier sind so geformt, daß sie nicht hinunterrollen.

Die sieben Arten der kleinen Lummen leben nur im Pazifik. Sie bleiben in der Nähe der Küsten und können gut mit Ferngläsern beobachtet werden. Die kleinen Lummen haben verschiedene Nistgewohnheiten, die meisten nisten aber nicht in Kolonien. Sie suchen sich Löcher in Bäumen oder in Bodennähe und nisten oft einige Kilometer im Landesinnern.

Die Körper der Alke sind voller Fett. Das Fett wurde von Menschen als Köder zum Fischen genutzt. Die erste Vogelart, die so durch weiße Siedler in Nordamerika ausgerottet wurde, war der Riesenalk. Er war zu groß geworden für seine

Flügel und konnte nicht mehr fliegen, deshalb wurde er eine einfache Beute für die Fischer auf dem Atlantik. Riesige Mengen von Alken wurden mit Stöcken erschlagen, oder man ließ sie auf die Boote kommen und aß sie frisch oder gepökelt. Jahrelang verließen sich die Fischer so stark auf die Alke, daß sie sogar wissentlich mit zuwenig Proviant aus dem Hafen fuhren. Als der Alkbestand zurückging, war man verwirrt. Als 1844 der letzte Alk auf einer kleinen Insel in der Nähe Islands erschlagen wurde, waren sie erstaunt, daß es keine mehr gab.

Hornlund *(Fratercula corniculata.)* Das hier ist ein ausgewachsener Vogel mit voll entwickeltem Schnabel. Bemerkenswert ist die rosa Spiegelung der orangefarbenen Füße auf dem Bauch. Hornlunde können sechzig bis neunzig Meter über dem Wasser fliegen.

Papageientaucher *(Fratercula arctica).* Dieses Foto zeigt die geduckte Weise, auf die der Papageientaucher fliegt, besonders wenn er sich dem Land nähert. Der hervorstechende Schnabel und die orangefarbenen Füße sind auch aus einiger Distanz gut sichtbar.

Links: Rotschnabelalk *(Cyclorrhynchus psittacula).* Diese Art nistet auf den Aleuten und nördlich der Beringstraße. Sie überwintern im Nordpazifik.

Rechts: Dickschnabellumme *(Uria lomvia).* Dickschnabellummen nutzen jede verfügbare Fläche auf der Klippe, um darauf ihre Eier zu legen. Ihre Brutplätze überlappen sich mit denjenigen der Trottellummen, aber die Dickschnabellummen nisten viel nördlicher.

Papageientaucher *(Fratercula arctica).* Papageientaucher überwintern weit draußen auf See und ernähren sich von kleinen Fischen. Sie mausern gegen Ende des Winters und sind dann für kurze Zeit flugunfähig. Danach kehren sie zu ihren Nistplätzen zurück.

Trottellumme *(Uria aalge).* Die Trottellumme hat vergleichsweise kurze Flügel. Sie ist sehr schwer im Verhältnis zur Flügelgröße und muß dauernd mit den Flügeln schlagen, um in der Luft zu bleiben.

Dickschnabellumme *(Uria lomvia).* Sogar aus der Entfernung kann man die dünne, weiße, wimpernartige Linie, die einige, aber nicht alle Dickschnabellummen haben, erkennen.

Trottellumme *(Uria aalge).* In einigen Lummenkolonien gibt es Millionen von Vögeln. Sie leben an den Küsten Nordamerikas, Europas und Asiens.

Links: Hornlund *(Fratercula corniculata).* Der Hornlund im Pazifik ähnelt dem Papageientaucher und ist eng mit ihm verwandt. Nach der Brutzeit wirft er die hervorstechende Verschalung des Schnabels ab; darunter kommt ein kleinerer, dunkler Schnabel mit roter Spitze zum Vorschein.

Oben: Rotschnabelalk *(Cyclorrhynchus psittacula).* Er ist nur zirka fünfundzwanzig Zentimeter lang, und wie die meisten Alke kommt er hauptsächlich an nördlichen Küsten der Nordhalbkugel vor.

Links: Tordalk *(Alca torda)* und Trottellumme *(Uria aalge).* Diese beiden Arten sind sich in Größe, Haltung und Form ihrer Körper sehr ähnlich. Der abgestumpfte Schnabel des Tordalken, im Gegensatz zum schlanken, spitzen der Trottellumme, lassen eine Identifikation leicht zu.

Oben: Trottellumme *(Uria aalge).* Sie legt ihr einziges Ei auf die blanke Kante einer Klippe. Das Ei ist so geformt und ausgewogen, daß es nicht herunterrollt.

Tordalk *(Alca torda).* Er nistet auf Klippen im Atlantik. Im Winter gesellt er sich oft zu anderen Alkenarten, und sie bilden riesige «Floße» auf dem Wasser.

FOTOQUELLEN

Peter A. Bissett/Network 31
Fred Bruemmer 4–5, 25, 33, 49, 70, 91, 101 (unten), 105, 107, 116 (unten), 133
Pauline und Ralph Brunner 8, 27, 61, 68–69, 73 (unten), 74, 98, 100, 101 (oben), 103, 106
Ken Carmichael/Network 22
Margaret Cox 96, 118
Ron Dengler/Network 97
Barry Griffiths/Network 16, 57
Dr. & Mrs. Cy Hampson 20, 43, 58, 76, 112–113
M. Hebard Jr. 126, 134 (und Titelbild), 142
Stephen Homer/First Light 37, 122–123, 131, 135
Edgar T. Jones 29, 50, 55, 66, 72
Albert Kuhnigk/First Light 21, 28, 42
Wayne Lynch 40, 47 (oben), 114, 130, 132, 138, 139
Robert Mc Caw/Network 45
Brian Milne/First Ligh 2
Pat Morrow 63, 71, 73 (oben)
James R. Page 47 (unten)
Dr. George K. Peck 17, 24, 30, 38 (oben), 41, 48, 52, 54, 59, 60, 85, 88, 89, 102, 104, 111, 115, 125, 140
Mark K. Peck 23, 53, 56, 67, 87, 95
Kenneth C. Poertne 120
Barry Ranford 9, 39, 46, 77, 81, 82, 83, 86, 90, 117, 124, 127, 136, 137, 141
Kevin Schafer 32, 75
Wilfred Schurig 121
Duane Sept 38 (unten), 44
J. D. Taylor 62, 80, 99, 116 (unten)
Jack Tempelton 51 (und Rückseite), 110, 119

Fotoindex